Melysion

Bobbie Neate

Addasiad Cymraeg gan Gill a Glyn Saunders Jones

Mae'r llyfr hwn yn sôn am y melysion mwyaf poblogaidd ar gyfer plant. Does dim rhaid i chi ddarllen y llyfr o glawr i glawr. Trowch at y tudalennau sydd o ddiddordeb i chi.

Cynnwys

Gall melysion wneud drwg i'r dannedd.
Cofiwch lanhau eich dannedd cyn bwyta melysion ac wedyn.

Beth yw melysion?

Siwgr sydd mewn melysion.
Gallwch gael melysion o bob lliw
a llun a maint.
Gallwch sugno, cnoi neu lyfu melysion.

Mae rhai siopau yn gwerthu dim ond melysion.

Mae'r rhan fwyaf o blant yn mwynhau bwyta melysion.
Mae mynd i siop felysion fel mynd i ogof yn llawn trysorau.
Mae cymaint o liwiau a meintiau gwahanol i'ch temtio heb
sôn am eu siâp a'u blas. Enw arall ar felysion yw fferins,
losin neu dda-da.

Mae melysion gan amlaf yn weddol rhad. Dim ond
ar adegau arbennig y bydd y rhan fwyaf o blant yn
cael melysion.
Maen nhw'n gallu bod yn ddrwg i'r dannedd.
Trowch i dudalen 20 os ydych am wybod mwy am
iechyd a melysion.

Hanes melysion

Cafodd melysion eu bwyta ym mhob cwr o'r byd ers miloedd o flynyddoedd.

⬆ Un o'r melysion cyntaf oedd *Turkish Delight.*

Mêl, ffrwythau, cnau a sbeis oedd yn y melysion cyntaf.

Tua 400 mlynedd yn ôl fe ddechreuwyd gwneud y melysion siwgr cyntaf. Fferyllwyr wnaeth y melysion hyn gyntaf. Roedden nhw'n rhoi siwgr ar y pils. Roedd y pils siwgr yn haws i'w llyncu. Gan eu bod nhw mor boblogaidd penderfynodd y fferyllwyr wneud rhai heb roi moddion y tu mewn. Dyma'r melysion cyntaf i gynnwys siwgr.

Gan fod y moddion yn blasu'n chwerw roedd y fferyllwyr yn rhoi haen o siwgr dros y bilsen.

Beth yw siwgr?

Mae siwgr yn felys iawn.
Mae siwgr i'w gael mewn llawer o
fwydydd. Mae siwgr mewn
planhigion hefyd. Mae siwgr mewn
betys siwgr a chansen siwgr.

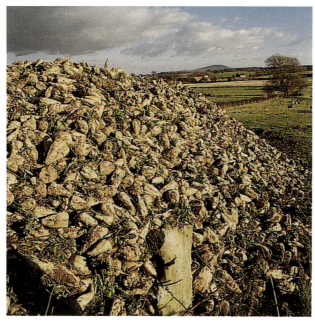

↥ Ym mhlanhigyn y betys siwgr mae'r
siwgr yn y gwraidd.

Ym mhlanhigyn y gansen siwgr
mae'r siwgr yn y coesyn. ➥

Mae pecyn o siwgr yn cynnwys siwgr o
gansen siwgr neu o fetys siwgr.

⬆ Mae llawer o siwgr yn y bwydydd hyn.

Mae'r rhan fwyaf o fwydydd yn cynnwys siwgr.
Mae rhai bwydydd yn cynnwys mwy o siwgr na'i gilydd.
Dydych chi ddim yn gallu gweld y siwgr mewn bwyd am ei
fod wedi ei gymysgu â'r cynhwysion eraill.

Y deg uchaf

Mae'r rhan fwyaf o blant yn hoffi melysion.

Taffi

Mae taffi yn cynnwys siwgr, glwcos, menyn neu fargarin a llaeth.

Lolipop

Melysion ar goesyn pren.

Roc

Mae ysgrifen drwy ganol y roc.

Byblgym

Gall byblgym a gwm cnoi fod yn beryglus i blant ifanc.

Gyms

Mae'r melysion hyn yn gwerthu am geiniog neu ddwy yr un.

Refreshers

Mae'r rhain wedi eu gwneud â thaffi gyda blas ffrwythau arno.

Licrys

Mae pob math o licrys ar gael.

Love Hearts

Mae ysgrifen ar y melysion hyn.

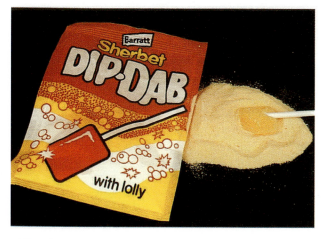

Sierbet

Mae sierbet yn rhoi ffis yn eich ceg. Caiff y ffis ei greu drwy ychwanegu soda bicarbonad ac asid ffrwythau at y siwgr.

Gobstopper

Maen nhw'n cael eu galw yn *gobstoppers* gan eu bod yn llenwi eich ceg! Mae tua deg haen o siwgr ar y *gobstoppers* gorau. Mae lliw gwahanol i bob haen.

Melysion cartref

Roedd y melysion cyntaf yn cael eu gwneud yn y cartref. Gallwch chi wneud melysion gartref. Does dim angen coginio rhai melysion.

Tryffls cartref

Cynhwysion
100 gram siocled
100 gram menyn
275 gram siwgr eisin
1 llwy de o sudd oren
powdr coco

Offer

Dull

Golchwch eich dwylo.

1. Torrwch y siocled yn ddarnau mân a'u rhoi mewn sosban.
2. Rhowch y menyn mewn powlen a'i guro.
3. Rhowch y sosban ar wres isel. Toddwch y siocled.
4. Tywalltwch y siocled sydd wedi toddi i mewn i'r bowlen sy'n cynnwys y menyn. Trowch y cyfan.
5. Ychwanegwch y siwgr eisin a'r sudd oren. Trowch y cyfan.
6. Rhowch y bowlen yn yr oergell am awr.
7. Defnyddiwch lwy de i godi darnau bychan o'r cymysgedd. Dyma'r tryffls.
8. Defnyddiwch eich dwylo i siapio'r darnau bach hyn yn beli bychan crwn.
9. Rhowch ychydig o bowdr coco yn ysgafn ar ben y tryffls.
10. Rhowch y tryffls mewn casys bychan deniadol.

11

Licrys

Mae sudd o'r planhigyn licrys yn cael ei ddefnyddio i wneud melysion licrys.

Mae gwreiddiau'r planhigyn licrys yn gallu tyfu hyd at 12 metr o hyd.

Rhaid i chi ferwi gwraidd y licrys mewn dŵr. Mae hyn yn gwneud y dŵr yn ddu ac yn flasus. Mae'r dŵr hwn yn cael ei gymysgu â blawd a thriog.

🔺 Cafodd y *Liquorice Allsorts* cyntaf eu gwerthu yn 1899.

Mae *Liquorice Allsorts* yn cynnwys pob math o felysion licrys. Roedd y melysion hyn yn cael eu gwerthu ar wahân ar y dechrau. Yna, un diwrnod, trwy gamgymeriad fe gymysgwyd y cyfan.

Dyna syniad da! Roedden nhw'n edrych yn lliwgar a deniadol gyda'i gilydd. Dyma ddechrau'r *Liquorice Allsorts*.

13

Melysion wedi eu berwi

Mae'n ddifyr iawn i weld melysion yn cael eu paratoi yn y ffatri.

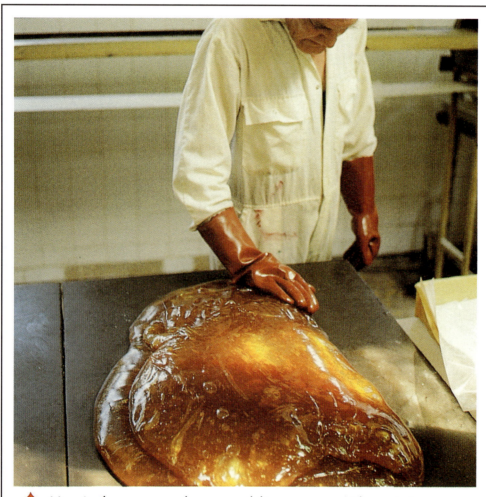

⬆ Mae'r darn mawr hwn yn ddigon mawr i baratoi 13 cilo o felysion bach.

Defnyddir siwgr, dŵr a gwahanol flas i baratoi'r melysion hyn. Mae'r cymysgedd yn cael ei gynhesu hyd nes y bydd yn berwi. Mae'r cymysgedd siwgr yn cael ei adael i oeri.

Bydd y cymysgedd yn cael ei fowldio yn un darn mawr cyn iddo oeri'n gyfan gwbl. Mae'n rhaid mowldio'r cyfan cyn iddo galedu.

⬆ Mae rholeri yn rholio'r darn mawr yn felysion bach.

Bydd y darn mawr yn cael ei
fowldio'n barod ar gyfer ei anfon
drwy'r rholeri. Bydd y rholeri yn torri'r
darn mawr yn ddarnau bach.

Love Hearts

Mae neges ar bob un o'r melysion.

Cafodd y calonnau caru cyntaf eu gwneud 50 mlynedd yn ôl.
Maen nhw'n cael eu gwneud drwy wasgu'r siwgr mewn mowld.

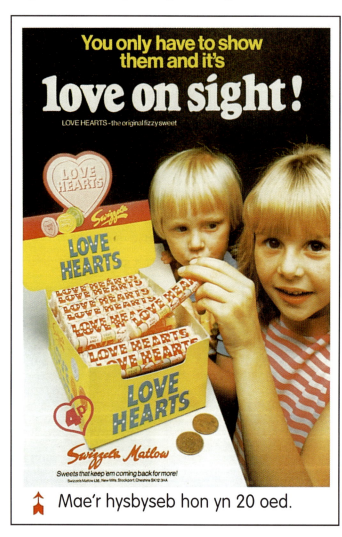

You only have to show them and it's

love on sight!

LOVE HEARTS - the original fizzy sweet

LOVE HEARTS

Swizzels Matlow

Sweets that keep 'em coming back for more!

↥ Mae'r hysbyseb hon yn 20 oed.

Refreshers

Caiff *refreshers* eu gwneud o daffi. Mae siwgr, glwcos, llaeth a braster yn cael eu defnyddio i wneud y taffi. Bydd gwahanol flas ffrwythau yn cael ei ychwanegu at y taffi.

↟ Mae dros 300,000 o'r barrau hyn yn cael eu gwneud bob dydd.

Math o siwgr yw glwcos. Caiff ei wneud o india-corn.
Enw arall ar glwcos yw syryp india-corn.

Pacio melysion

Mae rhai melysion yn cael eu gwerthu wedi eu pacio'n barod. Mae rhai melysion yn cael eu gwerthu'n rhydd. Mae rhai melysion yn cael eu gwerthu mewn tiwb. Mae rhai yn cael eu gwerthu mewn bag.

⬆ Mae melysion yn cael eu gwerthu gan amlaf mewn rholyn.

⬆ Mae llawer iawn o felysion yn cael eu gwerthu mewn bag.

Mae cownter mewn rhai siopau lle gallwch ddewis eich melysion eich hunan.
Mae rhai siopau bach hefyd yn gwerthu melysion rhydd.

Mae poteli gwydr yn gwneud i'r melysion edrych yn flasus iawn.

Ydy melysion yn ddrwg i chi?

Mae rhai doctoriaid a deintyddion yn credu bod melysion yn gwneud drwg i chi. Mae rhai doctoriaid a deintyddion eraill yn anghytuno.

Dyma farn rhai doctoriaid a deintyddion am felysion.

Mae melysion yn eich gwneud chi'n dew.

Mae melysion yn pydru eich dannedd.

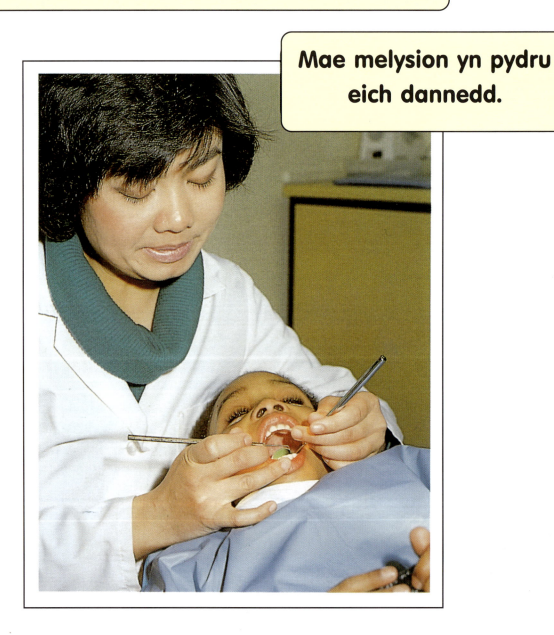

Mae angen siwgr ar blant er mwyn cael egni.

Mae melysion yn difetha eich awydd am fwyd.

Dydy melysion ddim gwaeth i'r dannedd na bisgedi, teisen neu ddiod melys.

Cofiwch lanhau eich dannedd bob dydd. Defnyddiwch bast dannedd fflworid i lanhau eich dannedd. Bydd llai o siwgr yn aros ar y dannedd.

Mae rhywun yn rhywle yn bwyta *Smartie*

Mae tua 17,000 o *Smarties* yn cael eu bwyta bob munud ym Mhrydain. Cafodd y *Smartie* cyntaf ei wneud dros 50 mlynedd yn ôl.

Mae wyth lliw gwahanol o *Smartie*. Mae blas oren i *Smarties* sydd â lliw oren. ➡➡

Mae 157 mint *Polo* yn cael eu bwyta ym Mhrydain bob eiliad o'r dydd.

⬆ Cafodd y pecyn cyntaf o *Polos* ei werthu yn 1948.

⬆ Mae taffi meddal yng nghanol *Rolo*.

Mae 116 miliwn pecyn o *Rolos* yn cael eu bwyta mewn blwyddyn. Maent yn cael eu bwyta mewn dros 50 o wledydd gwahanol.

Geirfa a ddefnyddir yn y llyfr hwn

Asidau ffrwythau Mae'r asidau yma yn blasu'n sur. Dydy nhw ddim yn blasu'n felys. Mae asidau ffrwythau yn cael eu paratoi trwy ddefnyddio ffrwythau fel yr oren a'r lemon.

Fferyllwyr Mae fferyllwyr yn paratoi ac yn gwerthu moddion.

Glwcos Math o siwgr yw glwcos.

Moddion Mae moddion yn cynnwys tabledi neu ddiodydd arbennig. Byddwn yn cymryd moddion i'n gwneud yn well pan fyddwn yn teimlo'n sal neu'n dost.

Mowld Mae mowld yn cael ei ddefnyddio i wneud melysion o siâp arbennig. Mae siâp arbennig ar y mowld gwag.

Past dannedd fflworid Mae past dannedd fflworid yn cryfhau dannedd plant. Byddwch yn glanhau eich dannedd wedi bwyta melysion.

Soda pobi Powdr gwyn yw soda pobi. Mae'n cael ei ddefnyddio'n aml i baratoi bwyd.

Triog Hylif brown tywyll yw triog. Syryp yw triog sy'n cael ei gynhyrchu wrth buro siwgr.

Mynegai

a b c ch d dd e f ff g ng h i j l ll m n o p ph r rh s t th u w y
A B C Ch D Dd E F Ff G Nh H I J L Ll M N O P Ph R Rh S T Th U W Y